Inhalt

Tipps zum Üben von Diktaten ▪ **2**
Namenwörter ▪ **4**
Tunwörter und Wiewörter ▪ **6**
Wörter mit ie ▪ **8**
Wörter mit ck ▪ **10**
Wörter mit b/p und d/t ▪ **12**
Wörter mit äu/eu ▪ **14**
Dehnung mit h ▪ **16**
Wörter mit z/tz ▪ **18**
Doppelte Mitlaute ▪ **20**
Wörter mit ss/ß ▪ **22**
Wörter mit chs/x ▪ **24**
Doppelte Selbstlaute ▪ **26**
Übungsdiktate ▪ **28**
Wörterspiele ▪ **30**
Wörterliste ▪ **31**
Knack den Code ▪ **32**

Konfetti   Karlo

Hallo, wir sind die Lern-Detektive und lösen gerne knifflige Aufgaben. Hilfst du uns, den Code am Ende des Heftes zu knacken?

- ▪ Im Heft findest du Regeln und Tipps, die dir beim Lösen der Aufgaben helfen.

- ▪ **Aufgepasst:** Die Aufgaben mit einer 💡 sind etwas schwieriger.

- ▪ Auf jeder Doppelseite findest du am Schluss ein Übungsdiktat, das du dir diktieren lassen kannst. Lege ein leeres Heft bereit, in das du die Diktate hineinschreibst.

- ▪ Lege die 🔴 auf die roten Lösungsfelder, dann werden die richtigen Ergebnisse sichtbar.

So kannst du auch sagen:
Namenwort – Hauptwort, Nomen, Substantiv
Tunwort – Zeitwort, Verb
Wiewort – Eigenschaftswort, Adjektiv
Begleiter – Artikel
Mitlaut – Konsonant
Selbstlaut – Vokal

Tipps zum Üben von Diktaten

Hier findest du Tipps, mit denen du die Diktate am Ende jeder Doppelseite üben kannst. Denke daran:

- Lerne möglichst jeden Tag zur gleichen Zeit (10 bis 15 Minuten) und am gleichen Platz.

- Schreibe sauber und ordentlich. Nur dann fallen dir deine Fehler beim Kontrollieren auf.

Das Laufdiktat
Lege das Diktat irgendwo ins Zimmer, z. B. auf die Fensterbank. Lies dir den ersten Satz des Diktats gut durch und präge ihn dir ein. Laufe nun zu deinem Arbeitsplatz zurück und schreibe den Satz auf. Dann läufst du wieder los. So schreibst du Satz für Satz das ganze Diktat. Zum Schluss kontrollierst du.

Das Stufendiktat
1. Stufe: Du lässt dir das ganze Diktat diktieren.
2. Stufe: Kontrolliere deinen Text mithilfe der Vorlage und markiere deine Fehler.
3. Stufe: Schreibe deine Fehlerwörter noch einmal ohne Fehler auf.

Die Lernkarten
Du schreibst jedes Lernwort auf eine Karteikarte. Das können die unterstrichenen Wörter aus dem Diktat sein oder Wörter, die für dich schwierig sind. Lege zehn Karten auf einen Stapel. Nimm die oberste Karte vom Stapel, präge dir das Wort ein und schreibe es auf. Kontrolliere dann das Wort. Wenn es richtig war, legst du die Karte weg. Bei einem Fehler kommt die Karte zurück zum Stapel.

Das kommentierte Diktat

Du lässt dir das Diktat Satz für Satz diktieren. Nach jedem geschriebenen Satz erklärst du laut die Schreibweise schwieriger Wörter. So kannst du mögliche Fehler schnell selbst erkennen.

Du kannst die drei folgenden Übungen auch allein machen. Zur Vorbereitung musst du jeden Satz des Diktats auf einen einzelnen Papierstreifen schreiben.

Das Dosendiktat

Bringe die Streifen in die richtige Reihenfolge. Nimm den ersten Satz und präge ihn dir gut ein. Wirf den Streifen in die Dose und schreibe den Satz aus dem Gedächtnis auf. Wenn alle Streifen in der Dose sind, holst du sie wieder heraus und kontrollierst selbst.

Das Schneckendiktat

Nimm einen Streifen und rolle ihn zu einer Schnecke. Der Streifen wird abgerollt, bis sich das erste Wort des Satzes zeigt. Du merkst dir das Wort, rollst den Streifen wieder gut auf und schreibst es auf. Jetzt schau dir das erste und das zweite Wort an, rolle die Schnecke wieder auf und schreibe dieses Mal zwei Wörter auf. So machst du weiter bis zum letzten Wort. Zum Schluss kontrollierst du den Satz.

Das Würfeldiktat

Male auf jeden Streifen eines der sechs Würfelbilder. Würfle, lies den passenden Satz und schreibe ihn auswendig auf. Würfle so oft, bis du jeden Satz aufgeschrieben hast.

Namenwörter

1 Moritz besucht seinen Onkel auf dem Bauernhof. Welche Tiere gibt es dort? Schreibe die Wörter mit dem richtigen Begleiter auf.

	Einzahl	Mehrzahl
Es ist rosa.	_____	_____
Es legt Eier.	_____	_____
Sie jagt Mäuse.	_____	_____
Er kräht morgens.	_____	_____

Regel Namenwörter schreibt man immer groß. Du kannst sie an ihren Begleitern erkennen. In der Einzahl heißen die Begleiter der, die, das, in der Mehrzahl immer die.
Denke daran: Satzanfänge werden großgeschrieben.

2 Was erlebt Moritz mit der Ziege Erna? Lies den Text und berichtige ihn auf einem Blatt.

ich wollte auf der wiese blumen pflücken. da sah ich die wilde ziege erna auf mich zurennen. ganz schnell hüpfte ich über den hohen zaun. ob erna wohl meine blumen zum abendessen wollte?

3 Welche Blumen frisst Erna? Ordne die Buchstaben.

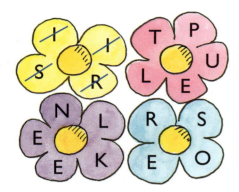

Iris

4 Finde elf Namenwörter, kreise sie ein und schreibe sie mit dem Begleiter auf.

5 a) Lies das Diktat mehrmals laut und deutlich vor.
b) Unterstreiche die Namenwörter. Wie viele sind es?
c) Suche dir vier Namenwörter aus dem Text aus. Fällt dir dazu eine Geschichte ein? Schreibe sie auf.

Ein aufregender Tag
Auf dem Bauernhof hat Moritz viel Spaß. Er lässt die Kühe auf die Weide, holt die Eier aus dem Stall und gibt den Schweinen Futter. Dann hilft er seinem Onkel, das Heu aus der Scheune zu holen. Dazu braucht er eine große Heugabel. Zum Abschluss darf er noch mit dem Traktor fahren.

Übe als Laufdiktat.

Tunwörter und Wiewörter

1 Der Zauberer hat Wörter verzaubert. Schreibe sie auf.
Überlege: Schreibst du sie groß oder klein?

_____

_____

Regel Wörter, die dir sagen, was Menschen, Dinge oder Tiere tun können, nennt man Tunwörter. Man schreibt sie immer klein, z. B. rufen, singen.

2 Auf dem Hochseil stehen fünf Wörter.
Findest du sie? Schreibe die Wörter auf.

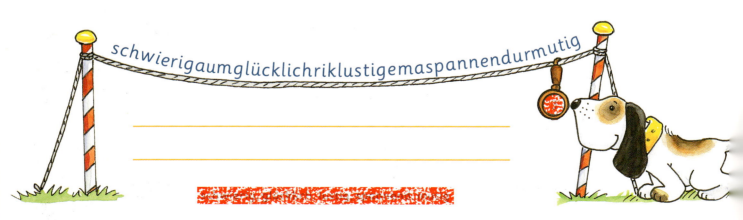

3 Findest du das passende Wiewort oder Tunwort? Die Regel hilft dir. Schreibe die Wiewörter in Rot und die Tunwörter in Blau.

die Angst – *ängstlich*   der Sprung – *springen*
das Spiel – _____   der Mut – _____
der Witz – _____   der Kuss – _____
der Tanz – _____   der Jubel – _____

Regel Wörter, die beschreiben, wie etwas oder jemand ist, nennt man Wiewörter. Man schreibt sie klein, z. B. schnell, süß.

4 a) Lies das Diktat laut und deutlich vor.
b) Findest du alle zehn Tunwörter? Unterstreiche sie.
c) Suche alle Wiewörter im Text und schreibe sie jeweils mit ihrem Gegenteil auf: groß – klein …

Der Clown
Mit seinen viel zu großen Schuhen und langen Kleidern stolpert der Clown Leo herein. Er springt über einen Stuhl und fällt auf seine runde Nase. Das sieht lustig aus. Leo nimmt einen kleinen Ball aus der weißen Kiste und wirft ihn Konfetti zu. Er läuft zu dem Hund hin und kitzelt ihn. Dann zwinkert er dem Publikum zu und verabschiedet sich.

Wörter mit ie

1 Hilfst du Karlo bei diesem Rätsel?
Trage die Wörter in Großbuchstaben ein.

Tipp Lies die Wörter auf diesen Seiten laut und deutlich. Sprichst du das *i* kurz oder lang? Bei einem lang gesprochenen *i* schreibt man meistens *ie*, z. B. W**ie**se.

2 Welche Verben sind hier versteckt?
Suche sie, trage *i* oder *ie* ein und schreibe sie auf.

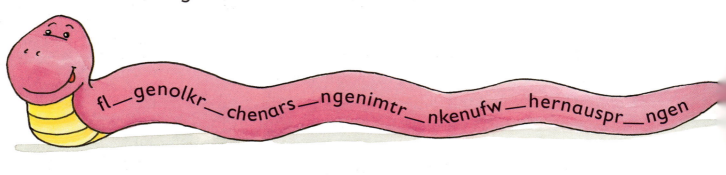

3 Finde die Reimwörter und schreibe sie auf.

Wiese	Gericht	Biene	Fliege	Insel
R_____	G_____	Sch_____	_____	_____

Tipp Sprich diese Wörter laut: Tiger, Igel, Krokodil.
Fällt dir dabei etwas auf?
Du sprichst ein langes *i*, schreibst aber nur *i*.
Solche Ausnahmen musst du dir gut einprägen.

4 a) Lies das Diktat mehrmals laut und deutlich vor.
b) Übe das Diktat als Würfeldiktat.
c) Welches Lernwort aus dem Diktat meint Konfetti?

Mein Wort hat 9 Buchstaben und hört mit e auf. Du hörst ein langes i, schreibst aber nur i.

Das Rätsel

Karlo liegt wieder einmal im Wohnzimmer auf dem Teppich. Er hat die Rätselseite der Zeitung vor sich aufgeschlagen und versucht, die richtige Lösung zu finden. Er will unbedingt Karten für den lustigen Kinofilm gewinnen. Der Film zeigt verschiedene Tiere aus Afrika: Krokodile, Giraffen und Schimpansen. Vielleicht klappt es ja dieses Mal mit dem Hauptgewinn.

Unterstreiche alle Wörter mit ie. Wie viele findest du?

Wörter mit ck

1 Willst du wissen, wie es in der Backstube zugeht? Lies den Text und entscheide dich für *k* oder *ck*. Die Regel unten hilft dir.

1. Otto verziert eine Torte als Geschen○ .
2. Ernst schiebt ein Ba○blech mit le○eren Hefeschne○en in den Ba○ofen.
3. Der Bä○erlehrling trägt den großen Mehlsa○ herein und kippt dabei den Zu○er um.
4. Vor lauter Schre○ läuft er gegen den Schran○ .

 **Regel** Das ck steht nach einem kurz gesprochenen Selbstlaut, z. B. D*e*cke, Schn*e*cke.

2 Setze sinnvolle Wörter zusammen. Schreibe sie auf.

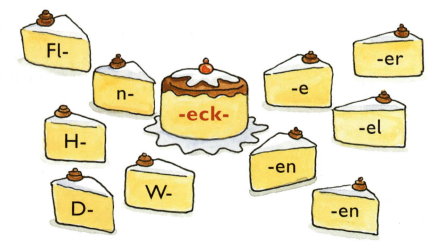

10

3 Finde je zwei Reimwörter und schreibe sie auf.

Stücke
L____

schick
d____

schlucken
j____

Regel ck darf nie getrennt werden.
Wörter mit ck trennst du deshalb so:
ba-cken, glück-lich.

4 Konfetti hat am Stangenbrot geknabbert. Jetzt fehlen Buchstaben. Trägst du sie wieder ein? Denke an ck.

Rü____   De____   pa____

5 a) Lies das Diktat laut und aufmerksam vor.
b) Findest du alle Wörter mit ck? Unterstreiche sie.
c) Schreibe zehn Wörter aus dem Text so auf: Bä-cker …

Glücklicher Konfetti
Konfetti schmecken die leckeren Kekse.
So lockt er den Bäcker mit einem Trick
aus der Backstube. Er hockt sich vor die Tür
und bellt laut. Vor Schreck lässt der Bäcker
das Backblech fallen. Glücklich rennt Konfetti
zu den Leckereien und schluckt alles herunter.
Mit dickem Bauch schleicht er davon.

Schreibe alle Wörter mit ck auf Lernkarten und merke sie dir gut.

11

Wörter mit b/p und d/t

1 Schau dir das Bild genau an. Was gibt es am Strand alles zu sehen? Schreibe auf. Ist der letzte Buchstabe *d* oder *t*? Der Tipp hilft dir.

blon __	→ das _____	Mädchen
ro __	→ der _____	Eimer
bun __	→ der _____	Ball
der Hun __	→ die _Hunde_	
der Hu __	→ die _____	
das Boo __	→ die _____	

Tipp Damit du hörst, wie ein Wort am Ende geschrieben wird, musst du es verlängern.
Bilde bei Namenwörtern die Mehrzahl: der Hun**d**, die Hunde.
Setze Wiewörter vor ein Namenwort: lustig, das lustige Buch.

2 Konfetti ist mit seinen nassen Pfoten über die Postkarte von Max gelaufen. Jetzt fehlen die Buchstaben B/b und P/p. Trage sie ein.

Lie_e Oma und lie_er Opa,
ich schrei_e euch aus meinem Urlau_.
Ich _in schon sehr _raun. _apa ist
im _ad gestol_ert. Jetzt hum_elt er.
aden kann er nicht mehr, deshal
_addeln wir viel mit dem _oot.
_is _ald, euer Max.

Tipp Verwechselst du oft b und p? Schreibe dir als Hilfe eine Liste nur mit b-Wörtern (z. B. Bad, Bogen …) und eine Liste nur mit p-Wörtern (z. B. Pappe, Gruppe …).

3 Hast du Lust, selbst eine Postkarte zu schreiben? Verwende viele b- und p-Wörter aus deiner Liste.

4 Lies das Diktat laut vor. Worum geht es? Erzähle.

Übe als Schneckendiktat.

Der Strand
Max spielt mit seinen Freunden am Strand. Sie bauen Burgen und werfen sich gegenseitig den Ball zu. Dann paddeln sie mit dem Boot hinaus, um die bunten Fische zu beobachten. Oft springen sie ins kalte Wasser, denn das ist erfrischend. Erst als sie hungrig werden, paddeln sie zurück.

Wörter mit äu/eu

1 Was kann Jan von der Baumleiter aus alles sehen? Schreibe die Wörter auf.
Achtung: Ein Wort schreibt man mit *eu*.

Bäume

Tipp Die meisten Wörter mit äu haben verwandte Wörter mit au, z. B. Räume → Raum.
Bilde also bei Namenwörtern die Einzahl oder suche ein verwandtes Tunwort.
Beachte: Wörter mit eu klingen ähnlich: Leute, Scheune. Solche Wörter kannst du nicht ableiten.

2 Finde zu jedem Wort ein verwandtes Wort mit *au*.
Schreibe die Wortpaare auf.

träumen · Käufer · Gebäude · Räuber · schäumen

träumen – Traum,

3 Jan übernachtet mit seinem Freund in einer Scheune.
Kennst du das Gegenteil? Suche ein Wort mit *eu*.

billig – _____	alt – _____
trocken – _____	Trauer – _____
Feind – _____	Wasser – _____

4 Jan schläft in seinem neuen Schlafsack.
Eu oder *äu*? Bilde die Einzahl und trage ein.

die Sch__nen → die _____

die Fr__nde → der _____

die Z__ne → der _____

5 a) Lies das Diktat mehrmals laut und deutlich vor.
b) Bei diesen Wörtern fehlen bestimmte Buchstaben.
Weißt du, welche? *Tipp:* Die Wörter stehen im Text.

lchtt _____   Frnd _____   Schn _____

Die Nacht in der Scheune
Jan und Nico dürfen in der Scheune übernachten.
Die Freunde richten sich im Heu ein und legen sich
schlafen. Plötzlich knarrt die Tür der Scheune. Leise
Schritte nähern sich. Wer ist das? Ein Einbrecher?
Eine Lampe leuchtet hell. Erleichtert atmen sie auf:
Es ist nur der Onkel. Er ist gekommen, um ihnen
süße Träume zu wünschen.

Unterstreiche alle Wörter mit äu und eu. Übe sie mit den Lernkarten.

Dehnung mit h

1 Karlo und Konfetti sind mit dem Zug unterwegs.
Was sehen die beiden vom Zugfenster aus?
Schreibe die Wörter in die Lücken.

Draußen _____ Blumen.

Dort sind _____ Bäume.

Da _____ gefleckte _____ .

Die Pferde fressen _____ .

Karlo _____ eine alte _____ .

Jetzt ist es nicht _____ weit.

Wörter im Koffer: blühen, mehr, hohe, Möhren, stehen, Mühle, sieht, Kühe

Regel Wird ein Selbstlaut lang gesprochen, folgt oft ein h. *Achtung:* Das h hörst du beim Sprechen nicht.
Beispiel: Zahn, Stuhl
Lerne die Wörter mit dem „Dehnungs-h" auswendig!

2 Finde sechs Wörter. Schreibe sie mit Begleiter auf.

GEFAHRISOHNUMEHLPZEHRAHMENUWAHL

_____

_____

3 Karlo rätselt im Zug. Hilfst du ihm?

Eine Rechenaufgabe besteht aus _____ .

Zum Tisch gehören _____ .

Zwölf Monate sind ein _____ .

4 Konfetti stibitzt Schokolade aus dem Rucksack.
Finde Wörter mit *-oh-* und *-ah-*.

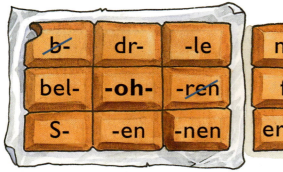
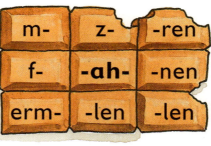

bohren, _____

_____

5 a) Lies das Diktat mehrmals laut und deutlich vor.
b) Findest du im Text alle dreizehn Wörter mit Dehnungs-h? Unterstreiche sie farbig.
c) Weißt du, welche Diktatwörter hier versteckt sind? Trage sie ein. Achte auf die Höhe der Kästchen.

Der Ausflug
Karlo und Konfetti machen einen Ausflug zu einer Höhle. Karlo erfährt, wie die Menschen hier früher gelebt haben. Im kühlen Schatten der hohen Bäume ruht er sich aus. Ein Bauer setzt sich zu ihm und erzählt von den Mühlen ganz in der Nähe. Dort wurde früher das Getreide zu Mehl gemahlen.

Übe als Dosendiktat.

Wörter mit z/tz

1 Willst du wissen, wer Sarah und Max erschreckt hat?
Dann lies den Text und trage die fehlenden Buchstaben ein.

Sarah und Max si___t der Schreck in den Knochen.

Sogar die Ka___e ist erschrocken.

Wie der Bli___ rennt sie unter das Bett.

Da fängt Konfetti zu bellen an.

„Toller Wi___!", sagt Sarah und lacht froh.

2 Welche Buchstaben hast du eingetragen?
Wie sprichst du den Selbstlaut davor? _____

Regel Das tz steht nur nach einem kurz gesprochenen Selbstlaut, z. B. Bl<u>i</u>tz. Nach Mitlauten (z. B.: *l, n, r*) und *ei, au, äu, eu* steht nie tz, sondern z, z. B. Kerze, Heizung.

3 Findest du die Reimwörter? Achte dabei auf *z* oder *tz*.

Blitz   Tanz   Platz

sp_____   K_____   S_____

18

4 Entscheide: *tz* oder *z*? Male die Buchstaben vor der Lücke an und ergänze. Die Regel hilft dir.

Schmu ___   Sal ___   Kreu ___   Scha ___
Wei ___ en   Hi ___ e   Tan ___
Ne ___

5 Auf der Gittertür der Burg sind sechs Lernwörter aus dem Diktat versteckt. Findest du sie? Schreibe sie auf.

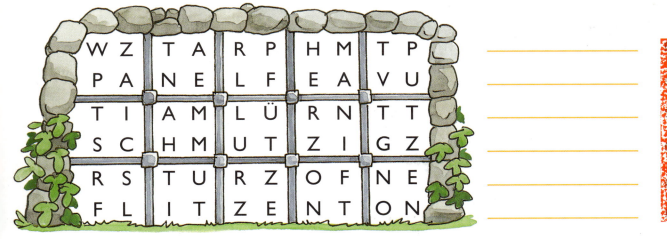

Konfettis Traum

Konfetti träumt von einem Gespenst. Es sitzt mit schwarzen Zehen auf der Kirchturmspitze. Da flitzen plötzlich zwanzig weitere Gespenster durch die Luft. Herzlich begrüßen sie das Gespenst. Es erzählt von seinem Sturz in eine Pfütze und versucht sich zu putzen. Die Gespenster umarmen es zärtlich, weil sie es auch schmutzig mögen.

Wie viele Gespenster siehst du auf der Doppelseite?

Doppelte Mitlaute

1 Wer gewinnt den Wettlauf? Der Sieger hat mehr Wörter gesammelt. Suche die Wörter heraus und schreibe sie auf.

Jan
blkommenrwippenl
GKanneTilFassbur
vhBallwuküssenvd

Stefan
klitreffenpgewinnen
dswollenubsammeln
PSchiffaBettLiBrillek

Jan: _____

Stefan: _____

2 Findest du noch mehr Wörter im Bild oben?
Schreibe die Buchstaben in der richtigen Reihenfolge auf.

_____   _____

Regel Vor einem doppelten Mitlaut steht immer ein kurz gesprochener Selbstlaut, z. B. Bett.

20

3 Schreibe auf, was du siehst. Achte auf die Selbstlaute:
Klingen sie kurz oder lang?

 _____ _____ _____

4 Auf jedem Kasten gehören immer zwei Silben zusammen.
Suche die Wörter und schreibe sie auf:

-len   schüt-   rol-
-sen   -teln   mes-

wis-   ken-   hof-
-nen   -fen   -sen

_____

_____

5 a) Lies das Diktat laut und unterstreiche alle Tunwörter.
b) Kannst du die Wörter lesen? Schreibe sie auf.

Klassentest _____   Stoppuhr _____

Ballkönig _____   _____

Der Staffellauf

Die Klasse bildet Mannschaften für einen Staffellauf:
Die Läufer müssen eine Runde rennen, über fünf
Bänke springen und auf der Matte eine Rolle
machen. Dann schnappen sie sich den Ball und
versuchen das Tor zu treffen. Am Ende krabbeln
die Läufer so schnell wie möglich zu ihren Gruppen
zurück, denn der Lehrer stoppt die Zeit.

Übe als Laufdiktat.

Wörter mit ss/ß

1 Heute feiert Tina im Garten ihren Geburtstag. Sprich die Wörter zu jedem Bild laut. Schreibe die Wörter mit **kurzem** Selbstlaut vor dem s auf.

Jetzt weißt du, was für das Fest noch fehlt.

Regel Das ss steht nach einem kurz gesprochenen Selbstlaut, z. B. essen, aufpassen. Sprich die Wörter laut, dann hörst du es besser.

2 Bilde aus den Buchstaben auf den Bällen Wörter. Schreibe sie in das richtige Tor.

22

3 Der Garten ist mit Luftballons geschmückt.
Ergänze darauf ss und ß. Die Regel hilft dir.

Gru __   Fu __   Schlo __   be __ er   Stra __ e   Schu __   Flü __ e   Se __ el

Regel Das ß steht nach einem lang gesprochenen Selbstlaut. *Beachte:* Auch nach den Doppellauten ei, eu, au, äu steht oft ß, z. B. Sp<u>a</u>ß, dr<u>au</u>ßen.

4 Finde zu jedem Namenwort das passende Tunwort.

5 Lies das Diktat laut und übe es als Würfeldiktat.

Fallen dir noch mehr Wörter mit ss oder ß ein?

Das schöne Fest
Der Garten sieht mit den bunten Luftballons und den weißen Tischdecken richtig festlich aus. Tinas Gäste bringen Geschenke und einen Blumenstrauß mit. Tina freut sich riesig. Zusammen essen sie eine große Schüssel Eis. Weil es sehr heiß ist, machen sie eine Wasserschlacht. Das macht Spaß!

Wörter mit chs/x

1 Lena merkt beim Lesen, dass immer der gleiche Buchstabe fehlt. Welcher? Fülle die Lücken aus.

Die He_x_e Ale_x_a wohnt mitten im Wald.
Sie mi_x_t ihren köstlichen He_x_entrunk.
Oft macht sie dabei Fa_x_en. Verfli_x_t!
Jetzt ist es zu spät, der Kessel e_x_plodiert.
Und Ale_x_a hat sich in eine Ni_x_e verhe_x_t.

2 Suche alle Lückenwörter aus dem Text oben heraus und schreibe sie auf die Linien.

_____

_____

3 In Alexas Büchern ist alles durcheinander. Ordne die Buchstaben auf jeder Seite. Schreibe die Wörter auf.

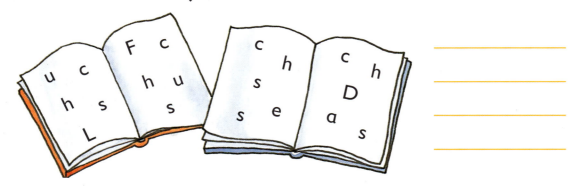

Tipp Die Buchstabenfolge *chs* und *x* klingen wie *ks*, z. B. se*chs*, He*x*e. Präge dir solche Wörter deshalb gut ein.

24

4 Setze die Silben zusammen und schreibe sie in die Bäume.

5 Kannst du Alexas Geheimschrift lesen? Das Beispiel hilft dir, die verhexten Wörter zu entschlüsseln.

	●	▲	*
1	S	L	D
2	I	E	T
3	R	X	F
4	CH	A	U

*1 ▲4 ●4 ●1
D A CH S

▲2 ▲3 *2 ●3 ▲4
_____

*2 ▲4 ▲3 ●2
_____

*3 *4 ●4 ●1
_____

6 Lies das Diktat mehrmals laut und deutlich vor.

Lenas Traum

Lena träumt von Alexa. Die lustige Hexe will mit ihren Freunden einen Ausflug machen. Alexa, der Ochse, der Dachs und der Fuchs fliegen aber nicht mit dem Hexenbesen, sondern fahren zur Abwechslung mit dem Taxi. Doch schon nach sechs Metern bricht die Achse des Taxis: Zusammen sind sie viel zu schwer.

> Unterstreiche im Text alle Wörter mit chs und x.

Doppelte Selbstlaute

1 Was gibt es alles am See? Setze immer zwei Namenwörter zusammen und schreibe sie auf.

_____

_____

Tipp Doppelte Selbstlaute (aa, ee, oo) sprichst du immer lang. Merke dir die Wörter mit den doppelten Selbstlauten gut, z. B. Schnee.

2 Bilde mit den Buchstaben auf dem Segel neun Wörter. In jedem Wort steckt *aa, ee* oder *oo*.

Fee,

26

3 Setze *aa, ee* und *oo* richtig ein. Dann kannst du in jedem Fisch vier Wörter lesen.

das B____t
das M____r
der S____l
das H____r

die Id____
die S____t
der T____r
das P____r

4 a) Welche Wörter reimen sich auf See? Schreibe alle Reimwörter auf, die mit ee enden.

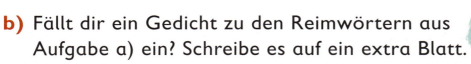

b) Fällt dir ein Gedicht zu den Reimwörtern aus Aufgabe a) ein? Schreibe es auf ein extra Blatt.

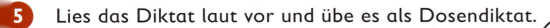

5 Lies das Diktat laut vor und übe es als Dosendiktat.

Die Fahrt mit dem Boot
Mona und ihr Vater machen einen Ausflug zum See. Mit dem Boot fahren sie ans andere Ufer. Monas Haare flattern lustig im Wind. Sie beugt sich weit aus dem Boot, um ein paar Seerosen anzuschauen. Da kommt ein Windstoß und Mona fällt ins Wasser. Zum Glück ist es nicht tief. Ihr Vater springt gleich hinterher und hilft ihr, zurück ins Boot zu klettern.

Wie viele Wörter mit doppeltem Selbstlaut findest du im Text? Unterstreiche sie.

Übungsdiktate

Auf dieser Doppelseite kannst du wiederholen, was du im Heft gelernt hast. Der Übungsschwerpunkt steht jeweils in Klammern. Tipps, wie du die Diktate üben kannst, findest du auf Seite 2 und 3.

Das Frühstück (Wörter mit Dehnungs-h)
Karlo liegt in seinem Bett und gähnt. Da fühlt er, wie ihn jemand an seinen Zehen kitzelt. Er sieht nach und entdeckt Konfetti, der einen Hausschuh im Maul trägt. Lachend steht Karlo auf. Es ist neun Uhr und Zeit für das Frühstück. Konfetti bekommt Hundefutter und sein Herrchen wählt Müsli und Tee.

Auf dem Dachboden (Wörter mit b/p und d/t)
Anja und Tina ist langweilig. Deshalb beschließen sie, auf Omas Dachboden zu stöbern. Sie gehen die Treppe hinauf und machen Licht. Überall stehen Kisten. Sie sind mit Tüchern abgedeckt. Neugierig öffnen sie die gelbe Kiste. Sie entdecken wunderschöne alte Kleider. Die beiden haben eine Idee: eine Modenschau mit Omas Kleidern.

Auf der Baustelle (Wörter mit ie)
Konfetti ist mal wieder entwischt. Karlo sieht unter dem Bett nach, auf der Spielwiese – doch keine Spur. Schließlich findet er Konfetti auf der Baustelle. Er ruft nach ihm. Doch der Hund bleibt neben dem riesigen Bagger stehen und schaut neugierig zu, wie mit der Schaufel ein tiefes Loch gegraben wird. Beinahe fällt Konfetti in die Grube. Ihm passiert jedoch nichts, weil Karlo ihn gerade noch rechtzeitig festhalten kann.

Ein heißer Sommertag (Wörter mit ss/ß)
Saskia besichtigt mit ihrer Klasse ein altes Schloss. Unterwegs machen die Kinder an einem Fluss Mittagspause. Saskia isst Nüsse und eine Schüssel mit süßen Kirschen. Dann gießt sie sich ein bisschen Saft in ihre Tasse ein. Weil es sehr heiß draußen ist, dürfen die Kinder im Fluss baden. Das macht Spaß!

Im Supermarkt (Doppelte Selbstlaute)
Hanna trägt den Einkaufskorb und Stefan schiebt den leeren Wagen. Am Obststand legt Stefan ein paar Äpfel auf die Waage. Auch eine Schale Erdbeeren packt er ein. Hanna nimmt den Früchtetee aus dem Regal. Von ihrem Taschengeld möchte sie sich ein rotes Haarband kaufen. Die Kinder bezahlen schnell, denn sie möchten heute noch an den See fahren.

Zahnschmerzen (Wörter mit ck)
Karlo beißt genüsslich in ein leckeres Stück Kuchen – und verzieht sein Gesicht. Jammernd hält er seine Backe. Der Zahn tut höllisch weh. Der Zahnarzt entdeckt zum Glück kein Loch. Aber er drückt Karlo eine Zahnbürste in die Hand und erinnert ihn daran, regelmäßig die Zähne zu putzen. Karlo nickt froh.

Ganz durchnässt (Doppelte Mitlaute)
Torsten ist auf dem Heimweg. Da ziehen sich am Himmel dunkle Wolken zusammen. In der Ferne sieht er schon den ersten Blitz und er hört es donnern. Torsten läuft ein bisschen schneller. Bis nach Hause ist es nicht mehr weit. So lange wird das Wetter wohl noch halten. Doch schon spürt er die ersten Tropfen.

Wörterspiele

Mit diesen Spielen kannst du einzelne Wörter üben. Verwende Wörter aus der Wörterliste und aus deiner Lernkartei. Am besten spielst du mit einem Partner.

Klangspiel (1 Spieler)
Sprich deine Lernwörter Silbe für Silbe laut, z. B. fah-ren, sprin-gen. Klatsche bei jeder Silbe einmal in die Hände oder spiele einen Ton auf einem Instrument. Schreibe dann die Wörter auf.

Lautloses Üben (2 Mitspieler)
1. Sprich ein Wort deutlich, aber ohne Stimme.
2. Dein Mitspieler muss dir das Wort von den Lippen ablesen und es richtig aufschreiben.

Radiergummi-Spiel (1 Spieler)
1. Suche dir ein Wort aus der Liste.
2. Merke es dir gut.
3. Verdecke es mit einem Radiergummi.
4. Schreibe es auswendig auf.
5. Nimm den Radiergummi weg und vergleiche.

Purzelwörter (2 Mitspieler)
Wähle ein Wort aus und schreibe die Buchstaben durcheinander auf, z. B. *freuen* → *neeufr*. Kann dein Mitspieler das Wort richtig aufschreiben?

Wörterschlange (1 oder 2 Mitspieler)
1. Suche dir ein Wort aus und schreibe es auf.
2. Finde jetzt ein Wort, das mit dem letzten Buchstaben des vorherigen Wortes beginnt: winke**n** – **n**as**s** – **s**tark ...
3. Zu zweit: Wer findet zuerst fünf Wörter?

Wörterliste

Abschluss, der
Abwechslung, die
Achse, die
anschließend
Ausflug, der

Backe, die
Bäcker, der
Bagger, der
bald
Ball, der
Bank, die
bisschen
Blitz, der
Boot, das
Burg, die

Dachs, der
decken
dick
dieses
draußen
drücken

entdecken
erfahren
erinnern
erzählen

fahren
fallen
flitzen
Fluss, der
früh/früher
frühstücken
Fuchs, der
fühlen
Futter, das

gähnen
ganz
Geräusch, das
Geschenk, das
Gespenst, das
Getreide, das
gewinnen
gießen
Giraffe, die
glücklich
Gruppe, die

Haar, das
heiß
hell
herzlich
Heu, das
Hexe, die
Himmel, der
hoch
Höhle, die
hungrig

ihn/ihnen

jubeln

kitzeln
klappen
Klasse, die
klettern
knarren
krabbeln
Krokodil, das
kühl

lachen
langweilig
lecker
leer
liegen
locken
lustig

mahlen
Mannschaft, die
Matte, die
Mehl, das
Mühle, die
müssen

Nähe, die
nass
nehmen
neugierig
nicken
Nuss, die

Ochse, der

paar
paddeln
passieren
Pfütze, die
plötzlich
putzen

rennen
riesig
Rolle, die

Scheune, die
schließlich
Schloss, das
schlucken
schmecken
schmücken
schmutzig
schnappen
schnell
Schreck, der
Schüssel, die
schwarz
sechs
See, der
sehen
sitzen

Spaß, der
springen
Stall, der
stolpern
stoppen
Strand, der
Sturz, der
süß

Taxi, das
Teppich, der
Traktor, der
träumen
treffen
Trick, der

verabschieden
verschieden
versuchen
vielleicht

wählen
Wasser, das
weiß
Wetter, das
wieder

Zeh, der
zwanzig
zwinkern
zurück

Knack den Code

Auf jeder Doppelseite findest du eine kleine braune Lupe. Darin steht jeweils eine Zahl.

- Schreibe die Zahlen nacheinander auf die Linien.
- Ersetze sie dann durch die Buchstaben, die auf dem Zettel versteckt sind: zum Beispiel 24 durch den Buchstaben R.
- Trage jeweils den passenden Buchstaben unter der Zahl ein. Wie heißt der Lösungssatz?

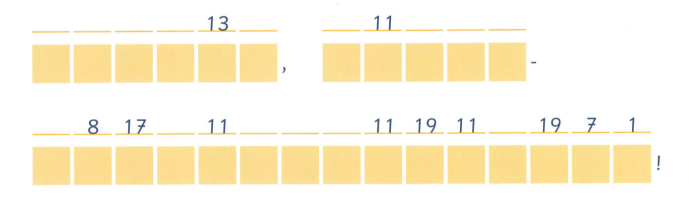